BITBOOK
A CRYPTO WEALTH JOURNAL

Victor Al Scale

Bitbook
Copyright © 2021 by Victor Al Scale

All rights reserved. No part of this publication may be reproduced, distributed, or transmitted in any form or by any means, including photocopying, recording, or other electronic or mechanical methods, without the prior written permission of the author, except in the case of brief quotations embodied in critical reviews and certain other non-commercial uses permitted by copyright law.

Tellwell Talent
www.tellwell.ca

ISBN
978-0-2288-5018-2 (Hardcover)
978-0-2288-5017-5 (Paperback)
978-0-2288-5019-9 (eBook)

YOUR BITBOOK IS YOUR RESPONSIBILITY

NAME: _____

DATE: _____

NAME OF CRYPTO WALLET: _____

WALLET ACCESS CODE: _____

PUBLIC KEY PHRASE: _____

SEED WORD PHRASE:

1. _____   2. _____   3. _____   4. _____

5. _____   6. _____   7. _____   8. _____

9. _____   10. _____   11. _____   12. _____

13. _____   14. _____   15. _____   16. _____

17. _____   18. _____   19. _____   20. _____

21. _____   22. _____   23. _____   24. _____

PRIVATE KEY PHRASE: _____

_____

_____

_____

KEEP YOUR BITBOOK SAFE
DO NOT SHARE SEED WORD
OR PRIVATE KEY PHRASE

YOUR BITBOOK IS YOUR RESPONSIBILITY

NAME: _____

DATE: _____

NAME OF CRYPTO WALLET: _____

WALLET ACCESS CODE: _____

PUBLIC KEY PHRASE: _____

SEED WORD PHRASE:

1. _____   2. _____   3. _____   4. _____

5. _____   6. _____   7. _____   8. _____

9. _____   10. _____   11. _____   12. _____

13. _____   14. _____   15. _____   16. _____

17. _____   18. _____   19. _____   20. _____

21. _____   22. _____   23. _____   24. _____

PRIVATE KEY PHRASE: _____

_____

_____

_____

KEEP YOUR BITBOOK SAFE
DO NOT SHARE SEED WORD
OR PRIVATE KEY PHRASE

YOUR BITBOOK IS YOUR RESPONSIBILITY

NAME: _____

DATE: _____

NAME OF CRYPTO WALLET: _____

WALLET ACCESS CODE: _____

PUBLIC KEY PHRASE: _____

SEED WORD PHRASE:

1. _____   2. _____   3. _____   4. _____

5. _____   6. _____   7. _____   8. _____

9. _____   10. _____   11. _____   12. _____

13. _____   14. _____   15. _____   16. _____

17. _____   18. _____   19. _____   20. _____

21. _____   22. _____   23. _____   24. _____

PRIVATE KEY PHRASE: _____
_____
_____
_____

KEEP YOUR BITBOOK SAFE
DO NOT SHARE SEED WORD
OR PRIVATE KEY PHRASE

YOUR BITBOOK IS YOUR RESPONSIBILITY

NAME: _____

DATE: _____

NAME OF CRYPTO WALLET: _____

WALLET ACCESS CODE: _____

PUBLIC KEY PHRASE: _____

SEED WORD PHRASE:

1. _____	2. _____	3. _____	4. _____
5. _____	6. _____	7. _____	8. _____
9. _____	10. _____	11. _____	12. _____
13. _____	14. _____	15. _____	16. _____
17. _____	18. _____	19. _____	20. _____
21. _____	22. _____	23. _____	24. _____

PRIVATE KEY PHRASE: _____

_____

_____

_____

KEEP YOUR BITBOOK SAFE
DO NOT SHARE SEED WORD
OR PRIVATE KEY PHRASE

YOUR BITBOOK IS YOUR RESPONSIBILITY

NAME: _____

DATE: _____

NAME OF CRYPTO WALLET: _____

WALLET ACCESS CODE: _____

PUBLIC KEY PHRASE: _____

SEED WORD PHRASE:

1. _____   2. _____   3. _____   4. _____

5. _____   6. _____   7. _____   8. _____

9. _____   10. _____   11. _____   12. _____

13. _____   14. _____   15. _____   16. _____

17. _____   18. _____   19. _____   20. _____

21. _____   22. _____   23. _____   24. _____

PRIVATE KEY PHRASE: _____

_____

_____

_____

KEEP YOUR BITBOOK SAFE
DO NOT SHARE SEED WORD
OR PRIVATE KEY PHRASE

YOUR BITBOOK IS YOUR RESPONSIBILITY

NAME: _____

DATE: _____

NAME OF CRYPTO WALLET: _____

WALLET ACCESS CODE: _____

PUBLIC KEY PHRASE: _____

SEED WORD PHRASE:

1. _____ 2. _____ 3. _____ 4. _____

5. _____ 6. _____ 7. _____ 8. _____

9. _____ 10. _____ 11. _____ 12. _____

13. _____ 14. _____ 15. _____ 16. _____

17. _____ 18. _____ 19. _____ 20. _____

21. _____ 22. _____ 23. _____ 24. _____

PRIVATE KEY PHRASE: _____

_____

_____

_____

KEEP YOUR BITBOOK SAFE
DO NOT SHARE SEED WORD
OR PRIVATE KEY PHRASE

YOUR BITBOOK IS YOUR RESPONSIBILITY

NAME: _____

DATE: _____

NAME OF CRYPTO WALLET: _____

WALLET ACCESS CODE: _____

PUBLIC KEY PHRASE: _____

SEED WORD PHRASE:

1. _____   2. _____   3. _____   4. _____

5. _____   6. _____   7. _____   8. _____

9. _____   10. _____   11. _____   12. _____

13. _____   14. _____   15. _____   16. _____

17. _____   18. _____   19. _____   20. _____

21. _____   22. _____   23. _____   24. _____

PRIVATE KEY PHRASE: _____
_____
_____
_____

KEEP YOUR BITBOOK SAFE
DO NOT SHARE SEED WORD
OR PRIVATE KEY PHRASE

YOUR BITBOOK IS YOUR RESPONSIBILITY

NAME: _____

DATE: _____

NAME OF CRYPTO WALLET: _____

WALLET ACCESS CODE: _____

PUBLIC KEY PHRASE: _____

SEED WORD PHRASE:

1. _____   2. _____   3. _____   4. _____

5. _____   6. _____   7. _____   8. _____

9. _____   10. _____   11. _____   12. _____

13. _____   14. _____   15. _____   16. _____

17. _____   18. _____   19. _____   20. _____

21. _____   22. _____   23. _____   24. _____

PRIVATE KEY PHRASE: _____

_____

_____

_____

KEEP YOUR BITBOOK SAFE
DO NOT SHARE SEED WORD
OR PRIVATE KEY PHRASE

YOUR BITBOOK IS YOUR RESPONSIBILITY

NAME: _____

DATE: _____

NAME OF CRYPTO WALLET: _____

WALLET ACCESS CODE: _____

PUBLIC KEY PHRASE: _____

SEED WORD PHRASE:

1. _____	2. _____	3. _____	4. _____
5. _____	6. _____	7. _____	8. _____
9. _____	10. _____	11. _____	12. _____
13. _____	14. _____	15. _____	16. _____
17. _____	18. _____	19. _____	20. _____
21. _____	22. _____	23. _____	24. _____

PRIVATE KEY PHRASE: _____

_____

_____

_____

KEEP YOUR BITBOOK SAFE
DO NOT SHARE SEED WORD
OR PRIVATE KEY PHRASE

YOUR BITBOOK IS YOUR RESPONSIBILITY

NAME: _____

DATE: _____

NAME OF CRYPTO WALLET: _____

WALLET ACCESS CODE: _____

PUBLIC KEY PHRASE: _____

SEED WORD PHRASE:

1. _____ 2. _____ 3. _____ 4. _____

5. _____ 6. _____ 7. _____ 8. _____

9. _____ 10. _____ 11. _____ 12. _____

13. _____ 14. _____ 15. _____ 16. _____

17. _____ 18. _____ 19. _____ 20. _____

21. _____ 22. _____ 23. _____ 24. _____

PRIVATE KEY PHRASE: _____
_____
_____
_____

KEEP YOUR BITBOOK SAFE
DO NOT SHARE SEED WORD
OR PRIVATE KEY PHRASE

YOUR BITBOOK IS YOUR RESPONSIBILITY

NAME: _____

DATE: _____

NAME OF CRYPTO WALLET: _____

WALLET ACCESS CODE: _____

PUBLIC KEY PHRASE: _____

SEED WORD PHRASE:

1. _____	2. _____	3. _____	4. _____
5. _____	6. _____	7. _____	8. _____
9. _____	10. _____	11. _____	12. _____
13. _____	14. _____	15. _____	16. _____
17. _____	18. _____	19. _____	20. _____
21. _____	22. _____	23. _____	24. _____

PRIVATE KEY PHRASE: _____
_____
_____
_____

KEEP YOUR BITBOOK SAFE
DO NOT SHARE SEED WORD
OR PRIVATE KEY PHRASE

YOUR BITBOOK IS YOUR RESPONSIBILITY

NAME: _____

DATE: _____

NAME OF CRYPTO WALLET: _____

WALLET ACCESS CODE: _____

PUBLIC KEY PHRASE: _____

SEED WORD PHRASE:

1. _____   2. _____   3. _____   4. _____

5. _____   6. _____   7. _____   8. _____

9. _____   10. _____   11. _____   12. _____

13. _____   14. _____   15. _____   16. _____

17. _____   18. _____   19. _____   20. _____

21. _____   22. _____   23. _____   24. _____

PRIVATE KEY PHRASE: _____

_____

_____

_____

KEEP YOUR BITBOOK SAFE
DO NOT SHARE SEED WORD
OR PRIVATE KEY PHRASE

YOUR BITBOOK IS YOUR RESPONSIBILITY

NAME: _____

DATE: _____

NAME OF CRYPTO WALLET: _____

WALLET ACCESS CODE: _____

PUBLIC KEY PHRASE: _____

SEED WORD PHRASE:

1. _____   2. _____   3. _____   4. _____

5. _____   6. _____   7. _____   8. _____

9. _____   10. _____   11. _____   12. _____

13. _____   14. _____   15. _____   16. _____

17. _____   18. _____   19. _____   20. _____

21. _____   22. _____   23. _____   24. _____

PRIVATE KEY PHRASE: _____
_____
_____
_____

KEEP YOUR BITBOOK SAFE
DO NOT SHARE SEED WORD
OR PRIVATE KEY PHRASE

YOUR BITBOOK IS
YOUR RESPONSIBILITY

NAME: _____

DATE: _____

NAME OF CRYPTO WALLET: _____

WALLET ACCESS CODE: _____

PUBLIC KEY PHRASE: _____

SEED WORD PHRASE:

1. _____   2. _____   3. _____   4. _____

5. _____   6. _____   7. _____   8. _____

9. _____   10. _____   11. _____   12. _____

13. _____   14. _____   15. _____   16. _____

17. _____   18. _____   19. _____   20. _____

21. _____   22. _____   23. _____   24. _____

PRIVATE KEY PHRASE: _____

_____

_____

_____

KEEP YOUR BITBOOK SAFE
DO NOT SHARE SEED WORD
OR PRIVATE KEY PHRASE

YOUR BITBOOK IS YOUR RESPONSIBILITY

NAME: _____

DATE: _____

NAME OF CRYPTO WALLET: _____

WALLET ACCESS CODE: _____

PUBLIC KEY PHRASE: _____

SEED WORD PHRASE:

1. _____   2. _____   3. _____   4. _____

5. _____   6. _____   7. _____   8. _____

9. _____   10. _____   11. _____   12. _____

13. _____   14. _____   15. _____   16. _____

17. _____   18. _____   19. _____   20. _____

21. _____   22. _____   23. _____   24. _____

PRIVATE KEY PHRASE: _____
_____
_____
_____

KEEP YOUR BITBOOK SAFE
DO NOT SHARE SEED WORD
OR PRIVATE KEY PHRASE

YOUR BITBOOK IS YOUR RESPONSIBILITY

NAME: _____

DATE: _____

NAME OF CRYPTO WALLET: _____

WALLET ACCESS CODE: _____

PUBLIC KEY PHRASE: _____

SEED WORD PHRASE:

1. _____   2. _____   3. _____   4. _____

5. _____   6. _____   7. _____   8. _____

9. _____   10. _____   11. _____   12. _____

13. _____   14. _____   15. _____   16. _____

17. _____   18. _____   19. _____   20. _____

21. _____   22. _____   23. _____   24. _____

PRIVATE KEY PHRASE: _____
_____
_____
_____

KEEP YOUR BITBOOK SAFE DO NOT SHARE SEED WORD OR PRIVATE KEY PHRASE

YOUR BITBOOK IS YOUR RESPONSIBILITY

NAME: _____

DATE: _____

NAME OF CRYPTO WALLET: _____

WALLET ACCESS CODE: _____

PUBLIC KEY PHRASE: _____

SEED WORD PHRASE:

1. _____   2. _____   3. _____   4. _____

5. _____   6. _____   7. _____   8. _____

9. _____   10. _____ 11. _____ 12. _____

13. _____ 14. _____ 15. _____ 16. _____

17. _____ 18. _____ 19. _____ 20. _____

21. _____ 22. _____ 23. _____ 24. _____

PRIVATE KEY PHRASE: _____
_____
_____
_____

KEEP YOUR BITBOOK SAFE
DO NOT SHARE SEED WORD
OR PRIVATE KEY PHRASE

YOUR BITBOOK IS YOUR RESPONSIBILITY

NAME: _____

DATE: _____

NAME OF CRYPTO WALLET: _____

WALLET ACCESS CODE: _____

PUBLIC KEY PHRASE: _____

SEED WORD PHRASE:

1. _____   2. _____   3. _____   4. _____

5. _____   6. _____   7. _____   8. _____

9. _____   10. _____   11. _____   12. _____

13. _____   14. _____   15. _____   16. _____

17. _____   18. _____   19. _____   20. _____

21. _____   22. _____   23. _____   24. _____

PRIVATE KEY PHRASE: _____
_____
_____
_____

KEEP YOUR BITBOOK SAFE
DO NOT SHARE SEED WORD
OR PRIVATE KEY PHRASE

YOUR BITBOOK IS YOUR RESPONSIBILITY

NAME: _____

DATE: _____

NAME OF CRYPTO WALLET: _____

WALLET ACCESS CODE: _____

PUBLIC KEY PHRASE: _____

SEED WORD PHRASE:

1. _____   2. _____   3. _____   4. _____

5. _____   6. _____   7. _____   8. _____

9. _____   10. _____   11. _____   12. _____

13. _____   14. _____   15. _____   16. _____

17. _____   18. _____   19. _____   20. _____

21. _____   22. _____   23. _____   24. _____

PRIVATE KEY PHRASE: _____
_____
_____
_____

KEEP YOUR BITBOOK SAFE
DO NOT SHARE SEED WORD
OR PRIVATE KEY PHRASE

YOUR BITBOOK IS
YOUR RESPONSIBILITY

NAME: _____

DATE: _____

NAME OF CRYPTO WALLET: _____

WALLET ACCESS CODE: _____

PUBLIC KEY PHRASE: _____

SEED WORD PHRASE:

1. _____	2. _____	3. _____	4. _____
5. _____	6. _____	7. _____	8. _____
9. _____	10. _____	11. _____	12. _____
13. _____	14. _____	15. _____	16. _____
17. _____	18. _____	19. _____	20. _____
21. _____	22. _____	23. _____	24. _____

PRIVATE KEY PHRASE: _____

_____

_____

_____

KEEP YOUR BITBOOK SAFE
DO NOT SHARE SEED WORD
OR PRIVATE KEY PHRASE

YOUR BITBOOK IS YOUR RESPONSIBILITY

NAME: _____

DATE: _____

NAME OF CRYPTO WALLET: _____

WALLET ACCESS CODE: _____

PUBLIC KEY PHRASE: _____

SEED WORD PHRASE:

1. _____ 2. _____ 3. _____ 4. _____

5. _____ 6. _____ 7. _____ 8. _____

9. _____ 10. _____ 11. _____ 12. _____

13. _____ 14. _____ 15. _____ 16. _____

17. _____ 18. _____ 19. _____ 20. _____

21. _____ 22. _____ 23. _____ 24. _____

PRIVATE KEY PHRASE: _____

_____

_____

_____

KEEP YOUR BITBOOK SAFE
DO NOT SHARE SEED WORD
OR PRIVATE KEY PHRASE

YOUR BITBOOK IS YOUR RESPONSIBILITY

NAME: _____

DATE: _____

NAME OF CRYPTO WALLET: _____

WALLET ACCESS CODE: _____

PUBLIC KEY PHRASE: _____

SEED WORD PHRASE:

1. _____ 2. _____ 3. _____ 4. _____

5. _____ 6. _____ 7. _____ 8. _____

9. _____ 10. _____ 11. _____ 12. _____

13. _____ 14. _____ 15. _____ 16. _____

17. _____ 18. _____ 19. _____ 20. _____

21. _____ 22. _____ 23. _____ 24. _____

PRIVATE KEY PHRASE: _____
_____
_____
_____

KEEP YOUR BITBOOK SAFE
DO NOT SHARE SEED WORD
OR PRIVATE KEY PHRASE

YOUR BITBOOK IS YOUR RESPONSIBILITY

NAME: _____

DATE: _____

NAME OF CRYPTO WALLET: _____

WALLET ACCESS CODE: _____

PUBLIC KEY PHRASE: _____

SEED WORD PHRASE:

1. _____   2. _____   3. _____   4. _____

5. _____   6. _____   7. _____   8. _____

9. _____   10. _____   11. _____   12. _____

13. _____   14. _____   15. _____   16. _____

17. _____   18. _____   19. _____   20. _____

21. _____   22. _____   23. _____   24. _____

PRIVATE KEY PHRASE: _____
_____
_____
_____

KEEP YOUR BITBOOK SAFE
DO NOT SHARE SEED WORD
OR PRIVATE KEY PHRASE

YOUR BITBOOK IS YOUR RESPONSIBILITY

NAME: _____

DATE: _____

NAME OF CRYPTO WALLET: _____

WALLET ACCESS CODE: _____

PUBLIC KEY PHRASE: _____

SEED WORD PHRASE:

1. _____   2. _____   3. _____   4. _____

5. _____   6. _____   7. _____   8. _____

9. _____   10. _____   11. _____   12. _____

13. _____   14. _____   15. _____   16. _____

17. _____   18. _____   19. _____   20. _____

21. _____   22. _____   23. _____   24. _____

PRIVATE KEY PHRASE: _____

_____

_____

_____

KEEP YOUR BITBOOK SAFE
DO NOT SHARE SEED WORD
OR PRIVATE KEY PHRASE

YOUR BITBOOK IS YOUR RESPONSIBILITY

NAME: _____

DATE: _____

NAME OF CRYPTO WALLET: _____

WALLET ACCESS CODE: _____

PUBLIC KEY PHRASE: _____

SEED WORD PHRASE:

1. _____   2. _____   3. _____   4. _____

5. _____   6. _____   7. _____   8. _____

9. _____   10. _____   11. _____   12. _____

13. _____   14. _____   15. _____   16. _____

17. _____   18. _____   19. _____   20. _____

21. _____   22. _____   23. _____   24. _____

PRIVATE KEY PHRASE: _____

_____

_____

_____

KEEP YOUR BITBOOK SAFE
DO NOT SHARE SEED WORD
OR PRIVATE KEY PHRASE

YOUR BITBOOK IS
YOUR RESPONSIBILITY

NAME: _____

DATE: _____

NAME OF CRYPTO WALLET: _____

WALLET ACCESS CODE: _____

PUBLIC KEY PHRASE: _____

SEED WORD PHRASE:

1. _____	2. _____	3. _____	4. _____
5. _____	6. _____	7. _____	8. _____
9. _____	10. _____	11. _____	12. _____
13. _____	14. _____	15. _____	16. _____
17. _____	18. _____	19. _____	20. _____
21. _____	22. _____	23. _____	24. _____

PRIVATE KEY PHRASE: _____

_____

_____

_____

KEEP YOUR BITBOOK SAFE
DO NOT SHARE SEED WORD
OR PRIVATE KEY PHRASE

YOUR BITBOOK IS YOUR RESPONSIBILITY

NAME: _____

DATE: _____

NAME OF CRYPTO WALLET: _____

WALLET ACCESS CODE: _____

PUBLIC KEY PHRASE: _____

SEED WORD PHRASE:

1. _____   2. _____   3. _____   4. _____

5. _____   6. _____   7. _____   8. _____

9. _____   10. _____   11. _____   12. _____

13. _____   14. _____   15. _____   16. _____

17. _____   18. _____   19. _____   20. _____

21. _____   22. _____   23. _____   24. _____

PRIVATE KEY PHRASE: _____
_____
_____
_____

KEEP YOUR BITBOOK SAFE
DO NOT SHARE SEED WORD
OR PRIVATE KEY PHRASE

YOUR BITBOOK IS YOUR RESPONSIBILITY

NAME: _____

DATE: _____

NAME OF CRYPTO WALLET: _____

WALLET ACCESS CODE: _____

PUBLIC KEY PHRASE: _____

SEED WORD PHRASE:

1. _____   2. _____   3. _____   4. _____

5. _____   6. _____   7. _____   8. _____

9. _____   10. _____   11. _____   12. _____

13. _____   14. _____   15. _____   16. _____

17. _____   18. _____   19. _____   20. _____

21. _____   22. _____   23. _____   24. _____

PRIVATE KEY PHRASE: _____

_____

_____

_____

KEEP YOUR BITBOOK SAFE
DO NOT SHARE SEED WORD
OR PRIVATE KEY PHRASE

YOUR BITBOOK IS
YOUR RESPONSIBILITY

NAME: _____

DATE: _____

NAME OF CRYPTO WALLET: _____

WALLET ACCESS CODE: _____

PUBLIC KEY PHRASE: _____

SEED WORD PHRASE:

1. _____   2. _____   3. _____   4. _____

5. _____   6. _____   7. _____   8. _____

9. _____   10. _____   11. _____   12. _____

13. _____   14. _____   15. _____   16. _____

17. _____   18. _____   19. _____   20. _____

21. _____   22. _____   23. _____   24. _____

PRIVATE KEY PHRASE: _____
_____
_____
_____

KEEP YOUR BITBOOK SAFE
DO NOT SHARE SEED WORD
OR PRIVATE KEY PHRASE

YOUR BITBOOK IS YOUR RESPONSIBILITY

NAME: _____

DATE: _____

NAME OF CRYPTO WALLET: _____

WALLET ACCESS CODE: _____

PUBLIC KEY PHRASE: _____

SEED WORD PHRASE:

1. _____	2. _____	3. _____	4. _____
5. _____	6. _____	7. _____	8. _____
9. _____	10. _____	11. _____	12. _____
13. _____	14. _____	15. _____	16. _____
17. _____	18. _____	19. _____	20. _____
21. _____	22. _____	23. _____	24. _____

PRIVATE KEY PHRASE: _____

_____

_____

_____

KEEP YOUR BITBOOK SAFE DO NOT SHARE SEED WORD OR PRIVATE KEY PHRASE

YOUR BITBOOK IS YOUR RESPONSIBILITY

NAME: _____

DATE: _____

NAME OF CRYPTO WALLET: _____

WALLET ACCESS CODE: _____

PUBLIC KEY PHRASE: _____

SEED WORD PHRASE:

1. _____   2. _____   3. _____   4. _____

5. _____   6. _____   7. _____   8. _____

9. _____   10. _____   11. _____   12. _____

13. _____   14. _____   15. _____   16. _____

17. _____   18. _____   19. _____   20. _____

21. _____   22. _____   23. _____   24. _____

PRIVATE KEY PHRASE: _____
_____
_____
_____

KEEP YOUR BITBOOK SAFE
DO NOT SHARE SEED WORD
OR PRIVATE KEY PHRASE

YOUR BITBOOK IS
YOUR RESPONSIBILITY

NAME: _____

DATE: _____

NAME OF CRYPTO WALLET: _____

WALLET ACCESS CODE: _____

PUBLIC KEY PHRASE: _____

SEED WORD PHRASE:

1. _____   2. _____   3. _____   4. _____

5. _____   6. _____   7. _____   8. _____

9. _____   10. _____ 11. _____ 12. _____

13. _____ 14. _____ 15. _____ 16. _____

17. _____ 18. _____ 19. _____ 20. _____

21. _____ 22. _____ 23. _____ 24. _____

PRIVATE KEY PHRASE: _____

_____

_____

_____

KEEP YOUR BITBOOK SAFE
DO NOT SHARE SEED WORD
OR PRIVATE KEY PHRASE

YOUR BITBOOK IS YOUR RESPONSIBILITY

NAME: _____

DATE: _____

NAME OF CRYPTO WALLET: _____

WALLET ACCESS CODE: _____

PUBLIC KEY PHRASE: _____

SEED WORD PHRASE:

1. _____   2. _____   3. _____   4. _____

5. _____   6. _____   7. _____   8. _____

9. _____   10. _____ 11. _____ 12. _____

13. _____ 14. _____ 15. _____ 16. _____

17. _____ 18. _____ 19. _____ 20. _____

21. _____ 22. _____ 23. _____ 24. _____

PRIVATE KEY PHRASE: _____
_____
_____
_____

KEEP YOUR BITBOOK SAFE
DO NOT SHARE SEED WORD
OR PRIVATE KEY PHRASE

YOUR BITBOOK IS YOUR RESPONSIBILITY

NAME: _____

DATE: _____

NAME OF CRYPTO WALLET: _____

WALLET ACCESS CODE: _____

PUBLIC KEY PHRASE: _____

SEED WORD PHRASE:

1. _____   2. _____   3. _____   4. _____

5. _____   6. _____   7. _____   8. _____

9. _____   10. _____   11. _____   12. _____

13. _____   14. _____   15. _____   16. _____

17. _____   18. _____   19. _____   20. _____

21. _____   22. _____   23. _____   24. _____

PRIVATE KEY PHRASE: _____
_____
_____
_____

KEEP YOUR BITBOOK SAFE DO NOT SHARE SEED WORD OR PRIVATE KEY PHRASE

YOUR BITBOOK IS YOUR RESPONSIBILITY

NAME: _____

DATE: _____

NAME OF CRYPTO WALLET: _____

WALLET ACCESS CODE: _____

PUBLIC KEY PHRASE: _____

SEED WORD PHRASE:

1. _____ 2. _____ 3. _____ 4. _____

5. _____ 6. _____ 7. _____ 8. _____

9. _____ 10. _____ 11. _____ 12. _____

13. _____ 14. _____ 15. _____ 16. _____

17. _____ 18. _____ 19. _____ 20. _____

21. _____ 22. _____ 23. _____ 24. _____

PRIVATE KEY PHRASE: _____
_____
_____
_____

KEEP YOUR BITBOOK SAFE
DO NOT SHARE SEED WORD
OR PRIVATE KEY PHRASE

YOUR BITBOOK IS
YOUR RESPONSIBILITY

NAME: _____

DATE: _____

NAME OF CRYPTO WALLET: _____

WALLET ACCESS CODE: _____

PUBLIC KEY PHRASE: _____

SEED WORD PHRASE:

1. _____ 2. _____ 3. _____ 4. _____

5. _____ 6. _____ 7. _____ 8. _____

9. _____ 10. _____ 11. _____ 12. _____

13. _____ 14. _____ 15. _____ 16. _____

17. _____ 18. _____ 19. _____ 20. _____

21. _____ 22. _____ 23. _____ 24. _____

PRIVATE KEY PHRASE: _____

_____

_____

_____

KEEP YOUR BITBOOK SAFE
DO NOT SHARE SEED WORD
OR PRIVATE KEY PHRASE

YOUR BITBOOK IS YOUR RESPONSIBILITY

NAME: _____

DATE: _____

NAME OF CRYPTO WALLET: _____

WALLET ACCESS CODE: _____

PUBLIC KEY PHRASE: _____

SEED WORD PHRASE:

1. _____	2. _____	3. _____	4. _____
5. _____	6. _____	7. _____	8. _____
9. _____	10. _____	11. _____	12. _____
13. _____	14. _____	15. _____	16. _____
17. _____	18. _____	19. _____	20. _____
21. _____	22. _____	23. _____	24. _____

PRIVATE KEY PHRASE: _____

_____

_____

_____

KEEP YOUR BITBOOK SAFE
DO NOT SHARE SEED WORD
OR PRIVATE KEY PHRASE

YOUR BITBOOK IS
YOUR RESPONSIBILITY

NAME: _____

DATE: _____

NAME OF CRYPTO WALLET: _____

WALLET ACCESS CODE: _____

PUBLIC KEY PHRASE: _____

SEED WORD PHRASE:

1. _____   2. _____   3. _____   4. _____

5. _____   6. _____   7. _____   8. _____

9. _____   10. _____   11. _____   12. _____

13. _____   14. _____   15. _____   16. _____

17. _____   18. _____   19. _____   20. _____

21. _____   22. _____   23. _____   24. _____

PRIVATE KEY PHRASE: _____

_____

_____

_____

KEEP YOUR BITBOOK SAFE
DO NOT SHARE SEED WORD
OR PRIVATE KEY PHRASE

YOUR BITBOOK IS YOUR RESPONSIBILITY

NAME: _____

DATE: _____

NAME OF CRYPTO WALLET: _____

WALLET ACCESS CODE: _____

PUBLIC KEY PHRASE: _____

SEED WORD PHRASE:

1. _____   2. _____   3. _____   4. _____

5. _____   6. _____   7. _____   8. _____

9. _____   10. _____ 11. _____ 12. _____

13. _____ 14. _____ 15. _____ 16. _____

17. _____ 18. _____ 19. _____ 20. _____

21. _____ 22. _____ 23. _____ 24. _____

PRIVATE KEY PHRASE: _____
_____
_____
_____

KEEP YOUR BITBOOK SAFE DO NOT SHARE SEED WORD OR PRIVATE KEY PHRASE

YOUR BITBOOK IS YOUR RESPONSIBILITY

NAME: _____

DATE: _____

NAME OF CRYPTO WALLET: _____

WALLET ACCESS CODE: _____

PUBLIC KEY PHRASE: _____

SEED WORD PHRASE:

1. _____   2. _____   3. _____   4. _____

5. _____   6. _____   7. _____   8. _____

9. _____   10. _____   11. _____   12. _____

13. _____   14. _____   15. _____   16. _____

17. _____   18. _____   19. _____   20. _____

21. _____   22. _____   23. _____   24. _____

PRIVATE KEY PHRASE: _____
_____
_____
_____

KEEP YOUR BITBOOK SAFE
DO NOT SHARE SEED WORD
OR PRIVATE KEY PHRASE

YOUR BITBOOK IS YOUR RESPONSIBILITY

NAME: _____

DATE: _____

NAME OF CRYPTO WALLET: _____

WALLET ACCESS CODE: _____

PUBLIC KEY PHRASE: _____

SEED WORD PHRASE:

1. _____   2. _____   3. _____   4. _____

5. _____   6. _____   7. _____   8. _____

9. _____   10. _____ 11. _____ 12. _____

13. _____ 14. _____ 15. _____ 16. _____

17. _____ 18. _____ 19. _____ 20. _____

21. _____ 22. _____ 23. _____ 24. _____

PRIVATE KEY PHRASE: _____

_____

_____

_____

KEEP YOUR BITBOOK SAFE DO NOT SHARE SEED WORD OR PRIVATE KEY PHRASE

YOUR BITBOOK IS YOUR RESPONSIBILITY

NAME: _____

DATE: _____

NAME OF CRYPTO WALLET: _____

WALLET ACCESS CODE: _____

PUBLIC KEY PHRASE: _____

SEED WORD PHRASE:

1. _____   2. _____   3. _____   4. _____

5. _____   6. _____   7. _____   8. _____

9. _____   10. _____ 11. _____ 12. _____

13. _____ 14. _____ 15. _____ 16. _____

17. _____ 18. _____ 19. _____ 20. _____

21. _____ 22. _____ 23. _____ 24. _____

PRIVATE KEY PHRASE: _____
_____
_____
_____

KEEP YOUR BITBOOK SAFE DO NOT SHARE SEED WORD OR PRIVATE KEY PHRASE

YOUR BITBOOK IS YOUR RESPONSIBILITY

NAME: _____

DATE: _____

NAME OF CRYPTO WALLET: _____

WALLET ACCESS CODE: _____

PUBLIC KEY PHRASE: _____

SEED WORD PHRASE:

1. _____	2. _____	3. _____	4. _____
5. _____	6. _____	7. _____	8. _____
9. _____	10. _____	11. _____	12. _____
13. _____	14. _____	15. _____	16. _____
17. _____	18. _____	19. _____	20. _____
21. _____	22. _____	23. _____	24. _____

PRIVATE KEY PHRASE: _____

_____

_____

_____

KEEP YOUR BITBOOK SAFE
DO NOT SHARE SEED WORD
OR PRIVATE KEY PHRASE

YOUR BITBOOK IS
YOUR RESPONSIBILITY

NAME: _____

DATE: _____

NAME OF CRYPTO WALLET: _____

WALLET ACCESS CODE: _____

PUBLIC KEY PHRASE: _____

SEED WORD PHRASE:

1. _____	2. _____	3. _____	4. _____
5. _____	6. _____	7. _____	8. _____
9. _____	10. _____	11. _____	12. _____
13. _____	14. _____	15. _____	16. _____
17. _____	18. _____	19. _____	20. _____
21. _____	22. _____	23. _____	24. _____

PRIVATE KEY PHRASE: _____
_____
_____
_____

KEEP YOUR BITBOOK SAFE
DO NOT SHARE SEED WORD
OR PRIVATE KEY PHRASE

YOUR BITBOOK IS YOUR RESPONSIBILITY

NAME: _____

DATE: _____

NAME OF CRYPTO WALLET: _____

WALLET ACCESS CODE: _____

PUBLIC KEY PHRASE: _____

SEED WORD PHRASE:

1. _____	2. _____	3. _____	4. _____
5. _____	6. _____	7. _____	8. _____
9. _____	10. _____	11. _____	12. _____
13. _____	14. _____	15. _____	16. _____
17. _____	18. _____	19. _____	20. _____
21. _____	22. _____	23. _____	24. _____

PRIVATE KEY PHRASE: _____

_____

_____

_____

KEEP YOUR BITBOOK SAFE
DO NOT SHARE SEED WORD
OR PRIVATE KEY PHRASE

YOUR BITBOOK IS YOUR RESPONSIBILITY

NAME: _____

DATE: _____

NAME OF CRYPTO WALLET: _____

WALLET ACCESS CODE: _____

PUBLIC KEY PHRASE: _____

SEED WORD PHRASE:

1. _____ 2. _____ 3. _____ 4. _____

5. _____ 6. _____ 7. _____ 8. _____

9. _____ 10. _____ 11. _____ 12. _____

13. _____ 14. _____ 15. _____ 16. _____

17. _____ 18. _____ 19. _____ 20. _____

21. _____ 22. _____ 23. _____ 24. _____

PRIVATE KEY PHRASE: _____

_____

_____

_____

KEEP YOUR BITBOOK SAFE
DO NOT SHARE SEED WORD
OR PRIVATE KEY PHRASE

YOUR BITBOOK IS YOUR RESPONSIBILITY

NAME: _____

DATE: _____

NAME OF CRYPTO WALLET: _____

WALLET ACCESS CODE: _____

PUBLIC KEY PHRASE: _____

SEED WORD PHRASE:

1. _____	2. _____	3. _____	4. _____
5. _____	6. _____	7. _____	8. _____
9. _____	10. _____	11. _____	12. _____
13. _____	14. _____	15. _____	16. _____
17. _____	18. _____	19. _____	20. _____
21. _____	22. _____	23. _____	24. _____

PRIVATE KEY PHRASE: _____

_____

_____

_____

KEEP YOUR BITBOOK SAFE
DO NOT SHARE SEED WORD
OR PRIVATE KEY PHRASE

YOUR BITBOOK IS YOUR RESPONSIBILITY

NAME: _____

DATE: _____

NAME OF CRYPTO WALLET: _____

WALLET ACCESS CODE: _____

PUBLIC KEY PHRASE: _____

SEED WORD PHRASE:

1. _____	2. _____	3. _____	4. _____
5. _____	6. _____	7. _____	8. _____
9. _____	10. _____	11. _____	12. _____
13. _____	14. _____	15. _____	16. _____
17. _____	18. _____	19. _____	20. _____
21. _____	22. _____	23. _____	24. _____

PRIVATE KEY PHRASE: _____

_____

_____

_____

KEEP YOUR BITBOOK SAFE
DO NOT SHARE SEED WORD
OR PRIVATE KEY PHRASE

YOUR BITBOOK IS YOUR RESPONSIBILITY

NAME: _____

DATE: _____

NAME OF CRYPTO WALLET: _____

WALLET ACCESS CODE: _____

PUBLIC KEY PHRASE: _____

SEED WORD PHRASE:

1. _____   2. _____   3. _____   4. _____

5. _____   6. _____   7. _____   8. _____

9. _____   10. _____   11. _____   12. _____

13. _____   14. _____   15. _____   16. _____

17. _____   18. _____   19. _____   20. _____

21. _____   22. _____   23. _____   24. _____

PRIVATE KEY PHRASE: _____
_____
_____
_____

KEEP YOUR BITBOOK SAFE
DO NOT SHARE SEED WORD
OR PRIVATE KEY PHRASE

YOUR BITBOOK IS YOUR RESPONSIBILITY

NAME: _____

DATE: _____

NAME OF CRYPTO WALLET: _____

WALLET ACCESS CODE: _____

PUBLIC KEY PHRASE: _____

SEED WORD PHRASE:

1. _____   2. _____   3. _____   4. _____

5. _____   6. _____   7. _____   8. _____

9. _____   10. _____   11. _____   12. _____

13. _____   14. _____   15. _____   16. _____

17. _____   18. _____   19. _____   20. _____

21. _____   22. _____   23. _____   24. _____

PRIVATE KEY PHRASE: _____

_____

_____

_____

KEEP YOUR BITBOOK SAFE
DO NOT SHARE SEED WORD
OR PRIVATE KEY PHRASE

YOUR BITBOOK IS YOUR RESPONSIBILITY

NAME: _____

DATE: _____

NAME OF CRYPTO WALLET: _____

WALLET ACCESS CODE: _____

PUBLIC KEY PHRASE: _____

SEED WORD PHRASE:

1. _____   2. _____   3. _____   4. _____

5. _____   6. _____   7. _____   8. _____

9. _____   10. _____   11. _____   12. _____

13. _____   14. _____   15. _____   16. _____

17. _____   18. _____   19. _____   20. _____

21. _____   22. _____   23. _____   24. _____

PRIVATE KEY PHRASE: _____
_____
_____
_____

KEEP YOUR BITBOOK SAFE
DO NOT SHARE SEED WORD
OR PRIVATE KEY PHRASE

YOUR BITBOOK IS
YOUR RESPONSIBILITY

NAME: _____

DATE: _____

NAME OF CRYPTO WALLET: _____

WALLET ACCESS CODE: _____

PUBLIC KEY PHRASE: _____

SEED WORD PHRASE:

1. _____   2. _____   3. _____   4. _____

5. _____   6. _____   7. _____   8. _____

9. _____   10. _____   11. _____   12. _____

13. _____   14. _____   15. _____   16. _____

17. _____   18. _____   19. _____   20. _____

21. _____   22. _____   23. _____   24. _____

PRIVATE KEY PHRASE: _____

_____

_____

_____

KEEP YOUR BITBOOK SAFE
DO NOT SHARE SEED WORD
OR PRIVATE KEY PHRASE

YOUR BITBOOK IS YOUR RESPONSIBILITY

NAME: _____

DATE: _____

NAME OF CRYPTO WALLET: _____

WALLET ACCESS CODE: _____

PUBLIC KEY PHRASE: _____

SEED WORD PHRASE:

1. _____   2. _____   3. _____   4. _____

5. _____   6. _____   7. _____   8. _____

9. _____   10. _____   11. _____   12. _____

13. _____   14. _____   15. _____   16. _____

17. _____   18. _____   19. _____   20. _____

21. _____   22. _____   23. _____   24. _____

PRIVATE KEY PHRASE: _____
_____
_____
_____

KEEP YOUR BITBOOK SAFE
DO NOT SHARE SEED WORD
OR PRIVATE KEY PHRASE

YOUR BITBOOK IS YOUR RESPONSIBILITY

NAME: _____

DATE: _____

NAME OF CRYPTO WALLET: _____

WALLET ACCESS CODE: _____

PUBLIC KEY PHRASE: _____

SEED WORD PHRASE:

1. _____   2. _____   3. _____   4. _____

5. _____   6. _____   7. _____   8. _____

9. _____   10. _____   11. _____   12. _____

13. _____   14. _____   15. _____   16. _____

17. _____   18. _____   19. _____   20. _____

21. _____   22. _____   23. _____   24. _____

PRIVATE KEY PHRASE: _____
_____
_____
_____

KEEP YOUR BITBOOK SAFE
DO NOT SHARE SEED WORD
OR PRIVATE KEY PHRASE

YOUR BITBOOK IS YOUR RESPONSIBILITY

NAME: _____

DATE: _____

NAME OF CRYPTO WALLET: _____

WALLET ACCESS CODE: _____

PUBLIC KEY PHRASE: _____

SEED WORD PHRASE:

1. _____ 2. _____ 3. _____ 4. _____

5. _____ 6. _____ 7. _____ 8. _____

9. _____ 10. _____ 11. _____ 12. _____

13. _____ 14. _____ 15. _____ 16. _____

17. _____ 18. _____ 19. _____ 20. _____

21. _____ 22. _____ 23. _____ 24. _____

PRIVATE KEY PHRASE: _____
_____
_____
_____

KEEP YOUR BITBOOK SAFE
DO NOT SHARE SEED WORD
OR PRIVATE KEY PHRASE

YOUR BITBOOK IS YOUR RESPONSIBILITY

NAME: _____

DATE: _____

NAME OF CRYPTO WALLET: _____

WALLET ACCESS CODE: _____

PUBLIC KEY PHRASE: _____

SEED WORD PHRASE:

1. _____   2. _____   3. _____   4. _____

5. _____   6. _____   7. _____   8. _____

9. _____   10. _____   11. _____   12. _____

13. _____   14. _____   15. _____   16. _____

17. _____   18. _____   19. _____   20. _____

21. _____   22. _____   23. _____   24. _____

PRIVATE KEY PHRASE: _____

_____

_____

_____

KEEP YOUR BITBOOK SAFE
DO NOT SHARE SEED WORD
OR PRIVATE KEY PHRASE

YOUR BITBOOK IS YOUR RESPONSIBILITY

NAME: _____

DATE: _____

NAME OF CRYPTO WALLET: _____

WALLET ACCESS CODE: _____

PUBLIC KEY PHRASE: _____

SEED WORD PHRASE:

1. _____	2. _____	3. _____	4. _____
5. _____	6. _____	7. _____	8. _____
9. _____	10. _____	11. _____	12. _____
13. _____	14. _____	15. _____	16. _____
17. _____	18. _____	19. _____	20. _____
21. _____	22. _____	23. _____	24. _____

PRIVATE KEY PHRASE: _____

_____

_____

_____

KEEP YOUR BITBOOK SAFE
DO NOT SHARE SEED WORD
OR PRIVATE KEY PHRASE

YOUR BITBOOK IS
YOUR RESPONSIBILITY

NAME: _____

DATE: _____

NAME OF CRYPTO WALLET: _____

WALLET ACCESS CODE: _____

PUBLIC KEY PHRASE: _____

SEED WORD PHRASE:

1. _____   2. _____   3. _____   4. _____

5. _____   6. _____   7. _____   8. _____

9. _____   10. _____   11. _____   12. _____

13. _____   14. _____   15. _____   16. _____

17. _____   18. _____   19. _____   20. _____

21. _____   22. _____   23. _____   24. _____

PRIVATE KEY PHRASE: _____
_____
_____
_____

KEEP YOUR BITBOOK SAFE
DO NOT SHARE SEED WORD
OR PRIVATE KEY PHRASE

YOUR BITBOOK IS YOUR RESPONSIBILITY

NAME: _____

DATE: _____

NAME OF CRYPTO WALLET: _____

WALLET ACCESS CODE: _____

PUBLIC KEY PHRASE: _____

SEED WORD PHRASE:

1. _____	2. _____	3. _____	4. _____
5. _____	6. _____	7. _____	8. _____
9. _____	10. _____	11. _____	12. _____
13. _____	14. _____	15. _____	16. _____
17. _____	18. _____	19. _____	20. _____
21. _____	22. _____	23. _____	24. _____

PRIVATE KEY PHRASE: _____
_____
_____
_____

KEEP YOUR BITBOOK SAFE
DO NOT SHARE SEED WORD
OR PRIVATE KEY PHRASE

YOUR BITBOOK IS YOUR RESPONSIBILITY

NAME: _____

DATE: _____

NAME OF CRYPTO WALLET: _____

WALLET ACCESS CODE: _____

PUBLIC KEY PHRASE: _____

SEED WORD PHRASE:

1. _____   2. _____   3. _____   4. _____

5. _____   6. _____   7. _____   8. _____

9. _____   10. _____   11. _____   12. _____

13. _____   14. _____   15. _____   16. _____

17. _____   18. _____   19. _____   20. _____

21. _____   22. _____   23. _____   24. _____

PRIVATE KEY PHRASE: _____

_____

_____

_____

KEEP YOUR BITBOOK SAFE
DO NOT SHARE SEED WORD
OR PRIVATE KEY PHRASE

YOUR BITBOOK IS
YOUR RESPONSIBILITY

NAME: _____

DATE: _____

NAME OF CRYPTO WALLET: _____

WALLET ACCESS CODE: _____

PUBLIC KEY PHRASE: _____

SEED WORD PHRASE:

1. _____   2. _____   3. _____   4. _____

5. _____   6. _____   7. _____   8. _____

9. _____   10. _____   11. _____   12. _____

13. _____   14. _____   15. _____   16. _____

17. _____   18. _____   19. _____   20. _____

21. _____   22. _____   23. _____   24. _____

PRIVATE KEY PHRASE: _____
_____
_____
_____

KEEP YOUR BITBOOK SAFE
DO NOT SHARE SEED WORD
OR PRIVATE KEY PHRASE

YOUR BITBOOK IS
YOUR RESPONSIBILITY

NAME: _____

DATE: _____

NAME OF CRYPTO WALLET: _____

WALLET ACCESS CODE: _____

PUBLIC KEY PHRASE: _____

SEED WORD PHRASE:

1. _____	2. _____	3. _____	4. _____
5. _____	6. _____	7. _____	8. _____
9. _____	10. _____	11. _____	12. _____
13. _____	14. _____	15. _____	16. _____
17. _____	18. _____	19. _____	20. _____
21. _____	22. _____	23. _____	24. _____

PRIVATE KEY PHRASE: _____

_____

_____

_____

KEEP YOUR BITBOOK SAFE
DO NOT SHARE SEED WORD
OR PRIVATE KEY PHRASE

YOUR BITBOOK IS YOUR RESPONSIBILITY

NAME: _____

DATE: _____

NAME OF CRYPTO WALLET: _____

WALLET ACCESS CODE: _____

PUBLIC KEY PHRASE: _____

SEED WORD PHRASE:

1. _____   2. _____   3. _____   4. _____

5. _____   6. _____   7. _____   8. _____

9. _____   10. _____   11. _____   12. _____

13. _____   14. _____   15. _____   16. _____

17. _____   18. _____   19. _____   20. _____

21. _____   22. _____   23. _____   24. _____

PRIVATE KEY PHRASE: _____

_____

_____

_____

KEEP YOUR BITBOOK SAFE
DO NOT SHARE SEED WORD
OR PRIVATE KEY PHRASE

YOUR BITBOOK IS YOUR RESPONSIBILITY

NAME: _____

DATE: _____

NAME OF CRYPTO WALLET: _____

WALLET ACCESS CODE: _____

PUBLIC KEY PHRASE: _____

SEED WORD PHRASE:

1. _____   2. _____   3. _____   4. _____

5. _____   6. _____   7. _____   8. _____

9. _____   10. _____   11. _____   12. _____

13. _____   14. _____   15. _____   16. _____

17. _____   18. _____   19. _____   20. _____

21. _____   22. _____   23. _____   24. _____

PRIVATE KEY PHRASE: _____
_____
_____
_____

KEEP YOUR BITBOOK SAFE
DO NOT SHARE SEED WORD
OR PRIVATE KEY PHRASE

YOUR BITBOOK IS YOUR RESPONSIBILITY

NAME: _____

DATE: _____

NAME OF CRYPTO WALLET: _____

WALLET ACCESS CODE: _____

PUBLIC KEY PHRASE: _____

SEED WORD PHRASE:

1. _____   2. _____   3. _____   4. _____

5. _____   6. _____   7. _____   8. _____

9. _____   10. _____   11. _____   12. _____

13. _____   14. _____   15. _____   16. _____

17. _____   18. _____   19. _____   20. _____

21. _____   22. _____   23. _____   24. _____

PRIVATE KEY PHRASE: _____

_____

_____

_____

KEEP YOUR BITBOOK SAFE
DO NOT SHARE SEED WORD
OR PRIVATE KEY PHRASE

YOUR BITBOOK IS YOUR RESPONSIBILITY

NAME: _____

DATE: _____

NAME OF CRYPTO WALLET: _____

WALLET ACCESS CODE: _____

PUBLIC KEY PHRASE: _____

SEED WORD PHRASE:

1. _____ 2. _____ 3. _____ 4. _____

5. _____ 6. _____ 7. _____ 8. _____

9. _____ 10. _____ 11. _____ 12. _____

13. _____ 14. _____ 15. _____ 16. _____

17. _____ 18. _____ 19. _____ 20. _____

21. _____ 22. _____ 23. _____ 24. _____

PRIVATE KEY PHRASE: _____

_____

_____

_____

KEEP YOUR BITBOOK SAFE
DO NOT SHARE SEED WORD
OR PRIVATE KEY PHRASE

YOUR BITBOOK IS YOUR RESPONSIBILITY

NAME: _____

DATE: _____

NAME OF CRYPTO WALLET: _____

WALLET ACCESS CODE: _____

PUBLIC KEY PHRASE: _____

SEED WORD PHRASE:

1. _____	2. _____	3. _____	4. _____
5. _____	6. _____	7. _____	8. _____
9. _____	10. _____	11. _____	12. _____
13. _____	14. _____	15. _____	16. _____
17. _____	18. _____	19. _____	20. _____
21. _____	22. _____	23. _____	24. _____

PRIVATE KEY PHRASE: _____

_____

_____

_____

KEEP YOUR BITBOOK SAFE
DO NOT SHARE SEED WORD
OR PRIVATE KEY PHRASE

YOUR BITBOOK IS
YOUR RESPONSIBILITY

NAME: _____

DATE: _____

NAME OF CRYPTO WALLET: _____

WALLET ACCESS CODE: _____

PUBLIC KEY PHRASE: _____

SEED WORD PHRASE:

1. _____	2. _____	3. _____	4. _____
5. _____	6. _____	7. _____	8. _____
9. _____	10. _____	11. _____	12. _____
13. _____	14. _____	15. _____	16. _____
17. _____	18. _____	19. _____	20. _____
21. _____	22. _____	23. _____	24. _____

PRIVATE KEY PHRASE: _____

_____

_____

_____

KEEP YOUR BITBOOK SAFE
DO NOT SHARE SEED WORD
OR PRIVATE KEY PHRASE

YOUR BITBOOK IS YOUR RESPONSIBILITY

NAME: _____

DATE: _____

NAME OF CRYPTO WALLET: _____

WALLET ACCESS CODE: _____

PUBLIC KEY PHRASE: _____

SEED WORD PHRASE:

1. _____   2. _____   3. _____   4. _____

5. _____   6. _____   7. _____   8. _____

9. _____   10. _____   11. _____   12. _____

13. _____   14. _____   15. _____   16. _____

17. _____   18. _____   19. _____   20. _____

21. _____   22. _____   23. _____   24. _____

PRIVATE KEY PHRASE: _____
_____
_____
_____

KEEP YOUR BITBOOK SAFE
DO NOT SHARE SEED WORD
OR PRIVATE KEY PHRASE

YOUR BITBOOK IS YOUR RESPONSIBILITY

NAME: _____

DATE: _____

NAME OF CRYPTO WALLET: _____

WALLET ACCESS CODE: _____

PUBLIC KEY PHRASE: _____

SEED WORD PHRASE:

1. _____   2. _____   3. _____   4. _____

5. _____   6. _____   7. _____   8. _____

9. _____   10. _____   11. _____   12. _____

13. _____   14. _____   15. _____   16. _____

17. _____   18. _____   19. _____   20. _____

21. _____   22. _____   23. _____   24. _____

PRIVATE KEY PHRASE: _____

_____

_____

_____

KEEP YOUR BITBOOK SAFE
DO NOT SHARE SEED WORD
OR PRIVATE KEY PHRASE

YOUR BITBOOK IS YOUR RESPONSIBILITY

NAME: _____

DATE: _____

NAME OF CRYPTO WALLET: _____

WALLET ACCESS CODE: _____

PUBLIC KEY PHRASE: _____

SEED WORD PHRASE:

1. _____   2. _____   3. _____   4. _____

5. _____   6. _____   7. _____   8. _____

9. _____   10. _____   11. _____   12. _____

13. _____   14. _____   15. _____   16. _____

17. _____   18. _____   19. _____   20. _____

21. _____   22. _____   23. _____   24. _____

PRIVATE KEY PHRASE: _____
_____
_____
_____

KEEP YOUR BITBOOK SAFE
DO NOT SHARE SEED WORD
OR PRIVATE KEY PHRASE

YOUR BITBOOK IS YOUR RESPONSIBILITY

NAME: _____

DATE: _____

NAME OF CRYPTO WALLET: _____

WALLET ACCESS CODE: _____

PUBLIC KEY PHRASE: _____

SEED WORD PHRASE:

1. _____	2. _____	3. _____	4. _____
5. _____	6. _____	7. _____	8. _____
9. _____	10. _____	11. _____	12. _____
13. _____	14. _____	15. _____	16. _____
17. _____	18. _____	19. _____	20. _____
21. _____	22. _____	23. _____	24. _____

PRIVATE KEY PHRASE: _____

_____

_____

_____

KEEP YOUR BITBOOK SAFE
DO NOT SHARE SEED WORD
OR PRIVATE KEY PHRASE

YOUR BITBOOK IS
YOUR RESPONSIBILITY

NAME: _____

DATE: _____

NAME OF CRYPTO WALLET: _____

WALLET ACCESS CODE: _____

PUBLIC KEY PHRASE: _____

SEED WORD PHRASE:

1. _____   2. _____   3. _____   4. _____

5. _____   6. _____   7. _____   8. _____

9. _____   10. _____   11. _____   12. _____

13. _____   14. _____   15. _____   16. _____

17. _____   18. _____   19. _____   20. _____

21. _____   22. _____   23. _____   24. _____

PRIVATE KEY PHRASE: _____
_____
_____
_____

KEEP YOUR BITBOOK SAFE
DO NOT SHARE SEED WORD
OR PRIVATE KEY PHRASE

YOUR BITBOOK IS YOUR RESPONSIBILITY

NAME: _____

DATE: _____

NAME OF CRYPTO WALLET: _____

WALLET ACCESS CODE: _____

PUBLIC KEY PHRASE: _____

SEED WORD PHRASE:

1. _____	2. _____	3. _____	4. _____
5. _____	6. _____	7. _____	8. _____
9. _____	10. _____	11. _____	12. _____
13. _____	14. _____	15. _____	16. _____
17. _____	18. _____	19. _____	20. _____
21. _____	22. _____	23. _____	24. _____

PRIVATE KEY PHRASE: _____

_____

_____

_____

KEEP YOUR BITBOOK SAFE
DO NOT SHARE SEED WORD
OR PRIVATE KEY PHRASE

YOUR BITBOOK IS YOUR RESPONSIBILITY

NAME: _____

DATE: _____

NAME OF CRYPTO WALLET: _____

WALLET ACCESS CODE: _____

PUBLIC KEY PHRASE: _____

SEED WORD PHRASE:

1. _____   2. _____   3. _____   4. _____

5. _____   6. _____   7. _____   8. _____

9. _____   10. _____   11. _____   12. _____

13. _____   14. _____   15. _____   16. _____

17. _____   18. _____   19. _____   20. _____

21. _____   22. _____   23. _____   24. _____

PRIVATE KEY PHRASE: _____
_____
_____
_____

KEEP YOUR BITBOOK SAFE
DO NOT SHARE SEED WORD
OR PRIVATE KEY PHRASE

YOUR BITBOOK IS YOUR RESPONSIBILITY

NAME: _____

DATE: _____

NAME OF CRYPTO WALLET: _____

WALLET ACCESS CODE: _____

PUBLIC KEY PHRASE: _____

SEED WORD PHRASE:

1. _____ 2. _____ 3. _____ 4. _____

5. _____ 6. _____ 7. _____ 8. _____

9. _____ 10. _____ 11. _____ 12. _____

13. _____ 14. _____ 15. _____ 16. _____

17. _____ 18. _____ 19. _____ 20. _____

21. _____ 22. _____ 23. _____ 24. _____

PRIVATE KEY PHRASE: _____
_____
_____
_____

KEEP YOUR BITBOOK SAFE
DO NOT SHARE SEED WORD
OR PRIVATE KEY PHRASE

YOUR BITBOOK IS YOUR RESPONSIBILITY

NAME: _____

DATE: _____

NAME OF CRYPTO WALLET: _____

WALLET ACCESS CODE: _____

PUBLIC KEY PHRASE: _____

SEED WORD PHRASE:

1. _____   2. _____   3. _____   4. _____

5. _____   6. _____   7. _____   8. _____

9. _____   10. _____   11. _____   12. _____

13. _____   14. _____   15. _____   16. _____

17. _____   18. _____   19. _____   20. _____

21. _____   22. _____   23. _____   24. _____

PRIVATE KEY PHRASE: _____
_____
_____
_____

KEEP YOUR BITBOOK SAFE
DO NOT SHARE SEED WORD
OR PRIVATE KEY PHRASE

YOUR BITBOOK IS YOUR RESPONSIBILITY

NAME: _____

DATE: _____

NAME OF CRYPTO WALLET: _____

WALLET ACCESS CODE: _____

PUBLIC KEY PHRASE: _____

SEED WORD PHRASE:

1. _____   2. _____   3. _____   4. _____

5. _____   6. _____   7. _____   8. _____

9. _____   10. _____   11. _____   12. _____

13. _____   14. _____   15. _____   16. _____

17. _____   18. _____   19. _____   20. _____

21. _____   22. _____   23. _____   24. _____

PRIVATE KEY PHRASE: _____

_____

_____

_____

KEEP YOUR BITBOOK SAFE
DO NOT SHARE SEED WORD
OR PRIVATE KEY PHRASE

YOUR BITBOOK IS YOUR RESPONSIBILITY

NAME: _____

DATE: _____

NAME OF CRYPTO WALLET: _____

WALLET ACCESS CODE: _____

PUBLIC KEY PHRASE: _____

SEED WORD PHRASE:

1. _____   2. _____   3. _____   4. _____

5. _____   6. _____   7. _____   8. _____

9. _____   10. _____   11. _____   12. _____

13. _____   14. _____   15. _____   16. _____

17. _____   18. _____   19. _____   20. _____

21. _____   22. _____   23. _____   24. _____

PRIVATE KEY PHRASE: _____

_____

_____

_____

KEEP YOUR BITBOOK SAFE
DO NOT SHARE SEED WORD
OR PRIVATE KEY PHRASE

YOUR BITBOOK IS
YOUR RESPONSIBILITY

NAME: _____

DATE: _____

NAME OF CRYPTO WALLET: _____

WALLET ACCESS CODE: _____

PUBLIC KEY PHRASE: _____

SEED WORD PHRASE:

1. _____   2. _____   3. _____   4. _____

5. _____   6. _____   7. _____   8. _____

9. _____   10. _____   11. _____   12. _____

13. _____   14. _____   15. _____   16. _____

17. _____   18. _____   19. _____   20. _____

21. _____   22. _____   23. _____   24. _____

PRIVATE KEY PHRASE: _____

_____

_____

_____

KEEP YOUR BITBOOK SAFE
DO NOT SHARE SEED WORD
OR PRIVATE KEY PHRASE

YOUR BITBOOK IS YOUR RESPONSIBILITY

NAME: _____

DATE: _____

NAME OF CRYPTO WALLET: _____

WALLET ACCESS CODE: _____

PUBLIC KEY PHRASE: _____

SEED WORD PHRASE:

1. _____   2. _____   3. _____   4. _____

5. _____   6. _____   7. _____   8. _____

9. _____   10. _____ 11. _____ 12. _____

13. _____ 14. _____ 15. _____ 16. _____

17. _____ 18. _____ 19. _____ 20. _____

21. _____ 22. _____ 23. _____ 24. _____

PRIVATE KEY PHRASE: _____
_____
_____
_____

KEEP YOUR BITBOOK SAFE
DO NOT SHARE SEED WORD
OR PRIVATE KEY PHRASE

YOUR BITBOOK IS
YOUR RESPONSIBILITY

NAME: _____

DATE: _____

NAME OF CRYPTO WALLET: _____

WALLET ACCESS CODE: _____

PUBLIC KEY PHRASE: _____

SEED WORD PHRASE:

1. _____   2. _____   3. _____   4. _____

5. _____   6. _____   7. _____   8. _____

9. _____   10. _____   11. _____   12. _____

13. _____   14. _____   15. _____   16. _____

17. _____   18. _____   19. _____   20. _____

21. _____   22. _____   23. _____   24. _____

PRIVATE KEY PHRASE: _____

_____

_____

_____

KEEP YOUR BITBOOK SAFE
DO NOT SHARE SEED WORD
OR PRIVATE KEY PHRASE

YOUR BITBOOK IS YOUR RESPONSIBILITY

NAME: _____

DATE: _____

NAME OF CRYPTO WALLET: _____

WALLET ACCESS CODE: _____

PUBLIC KEY PHRASE: _____

SEED WORD PHRASE:

1. _____	2. _____	3. _____	4. _____
5. _____	6. _____	7. _____	8. _____
9. _____	10. _____	11. _____	12. _____
13. _____	14. _____	15. _____	16. _____
17. _____	18. _____	19. _____	20. _____
21. _____	22. _____	23. _____	24. _____

PRIVATE KEY PHRASE: _____
_____
_____
_____

KEEP YOUR BITBOOK SAFE
DO NOT SHARE SEED WORD
OR PRIVATE KEY PHRASE

YOUR BITBOOK IS YOUR RESPONSIBILITY

NAME: _____

DATE: _____

NAME OF CRYPTO WALLET: _____

WALLET ACCESS CODE: _____

PUBLIC KEY PHRASE: _____

SEED WORD PHRASE:

1. _____   2. _____   3. _____   4. _____

5. _____   6. _____   7. _____   8. _____

9. _____   10. _____   11. _____   12. _____

13. _____ 14. _____   15. _____   16. _____

17. _____ 18. _____   19. _____   20. _____

21. _____ 22. _____   23. _____   24. _____

PRIVATE KEY PHRASE: _____
_____
_____
_____

KEEP YOUR BITBOOK SAFE DO NOT SHARE SEED WORD OR PRIVATE KEY PHRASE

YOUR BITBOOK IS YOUR RESPONSIBILITY

NAME: _____

DATE: _____

NAME OF CRYPTO WALLET: _____

WALLET ACCESS CODE: _____

PUBLIC KEY PHRASE: _____

SEED WORD PHRASE:

1. _____	2. _____	3. _____	4. _____
5. _____	6. _____	7. _____	8. _____
9. _____	10. _____	11. _____	12. _____
13. _____	14. _____	15. _____	16. _____
17. _____	18. _____	19. _____	20. _____
21. _____	22. _____	23. _____	24. _____

PRIVATE KEY PHRASE: _____

_____

_____

_____

KEEP YOUR BITBOOK SAFE
DO NOT SHARE SEED WORD
OR PRIVATE KEY PHRASE

YOUR BITBOOK IS YOUR RESPONSIBILITY

NAME: _____

DATE: _____

NAME OF CRYPTO WALLET: _____

WALLET ACCESS CODE: _____

PUBLIC KEY PHRASE: _____

SEED WORD PHRASE:

1. _____   2. _____   3. _____   4. _____

5. _____   6. _____   7. _____   8. _____

9. _____   10. _____   11. _____   12. _____

13. _____   14. _____   15. _____   16. _____

17. _____   18. _____   19. _____   20. _____

21. _____   22. _____   23. _____   24. _____

PRIVATE KEY PHRASE: _____

_____

_____

_____

KEEP YOUR BITBOOK SAFE
DO NOT SHARE SEED WORD
OR PRIVATE KEY PHRASE

YOUR BITBOOK IS YOUR RESPONSIBILITY

NAME: _____

DATE: _____

NAME OF CRYPTO WALLET: _____

WALLET ACCESS CODE: _____

PUBLIC KEY PHRASE: _____

SEED WORD PHRASE:

1. _____	2. _____	3. _____	4. _____
5. _____	6. _____	7. _____	8. _____
9. _____	10. _____	11. _____	12. _____
13. _____	14. _____	15. _____	16. _____
17. _____	18. _____	19. _____	20. _____
21. _____	22. _____	23. _____	24. _____

PRIVATE KEY PHRASE: _____
_____
_____
_____

KEEP YOUR BITBOOK SAFE
DO NOT SHARE SEED WORD
OR PRIVATE KEY PHRASE

www.ingramcontent.com/pod-product-compliance
Lightning Source LLC
LaVergne TN
LVHW011736060526
838200LV00051B/3189